AF399790

Dans les yeux de Monet

Dans les yeux de Monet

Cyril Gely

QUATRIÈME MUR

3, rue de Marivaux
75002 Paris

ISBN : 978-2-487668-05-8

CRÉATION

La pièce a été créée au théâtre de la Madeleine
le 12 septembre 2024
dans une mise en scène de Tristan Petitgirard

Avec

Clovis Cornillac (Claude Monet)

Maud Baecker (Camille)

Éric Prat (Paul Durand-Ruel)

DISTRIBUTION ET DÉCOR

Claude Monet, peintre

Camille, modèle

Paul Durand-Ruel, collectionneur

Une pièce éclairée par une immense baie vitrée.

De 1892 à 1893, Claude Monet s'enferme pendant un an à Rouen, au-dessus d'une boutique de lingeries et modes, pour peindre.
Cette année de travail donnera naissance à la série des Cathédrales, sommet de l'art impressionniste.

Noir.

Erik Satie, Gnossienne n° 1.

Un rire féminin... suivi de la faible lumière d'une lampe à pétrole.

Une jeune femme, Camille, longue robe blanche, se regarde dans le miroir sur pied à jardin. Elle essaye un immense chapeau très 1900.

À cour, bruits de pas...

Durand-Ruel, *off* — Faites attention à la marche. *(Bruit d'une chute.)* Vous n'avez rien ?

Monet, *off, de mauvaise humeur* — Ça va.

Durand-Ruel, *off* — Donnez votre main.

Monet, *off* — Ça va, je vous dis.

Bruit de serrure...

Camille ajuste son chapeau, jette un regard à cour, éteint la lampe à pétrole, et sort par la porte côté jardin.

La porte à cour s'ouvre.

Durand-Ruel entre, une lampe à la main. On devine un lit, la baie vitrée n'éclaire qu'un soir d'automne brumeux.

Monet entre à son tour, se frotte le bras gauche.
Silence.

Durand-Ruel — Alors ?

Monet — Alors quoi ?

Durand-Ruel — Qu'en dites-vous ?

Monet — C'est sombre.

Durand-Ruel — Évidemment. Mais demain matin, vous verrez : la lumière est splendide. *(Il gratte une allumette, allume une seconde lampe à pétrole. La pièce s'éclaire faiblement.)* Nous sommes chez un vieil ami qui vous admire beaucoup, au-dessus de sa boutique de « lingeries et modes ». C'est son salon d'essayage. Ses clientes montent ici pour essayer leur corset, leur chemisier, leur soutien-gorge... Mais comme vous n'êtes pas prêtre et qu'il tient à sa réputation, il va aménager un local dans son magasin.

Monet — Dommage...

Durand-Ruel — Vous pourrez travailler au calme.

Monet — Pas envie de travailler.

Durand-Ruel — Je vous ai fait installer un lit, vous avez un lavabo, demain je vous apporterai votre matériel, et votre chevalet est déjà là.

Monet — Pourquoi vous vous acharnez sur moi constamment ?

Durand-Ruel — Si je ne le faisais pas, qui le ferait ?

Monet — Je rêve de moins en moins, vous savez, et quand ça m'arrive, c'est toujours en noir et blanc. Autrefois j'avais un monde de couleurs à ma portée. Mais tout a disparu. Dieu a éteint les lumières. Noir total. *(Il s'assied sur le lit, qui grince.)* Pas terrible.

Durand-Ruel — Je vous signale, mon petit père, que je compte sur vous. Vous ne pouvez pas, sur un coup de tête, tout abandonner. Je vous ai passé une commande. Une grosse commande ! Et je vous ai versé un acompte.

Monet — Un petit acompte.

Durand-Ruel — Qu'en avez-vous fait ?

Monet — Mangé. Bu. Dépensé.

Durand-Ruel — Tout ?

Monet — J'avais faim, j'avais soif, j'avais froid…

Durand-Ruel — Vous n'êtes pas raisonnable… *(Il sort un billet de cent francs de son portefeuille, le pose sur la table.)* Voilà cent de plus.

Monet — Pas envie de travailler.

Monet s'allonge sur le lit.

Durand-Ruel — Vous l'avez déjà dit. Renouvelez-vous un peu. C'est comme votre peinture… Votre idée de cathédrale est magnifique. Lancez-vous, bottez-vous le cul, mon vieux !

Monet — Laissez-moi dormir.

Durand-Ruel — Ça fait un an que vous dormez ! Réveillez-vous, bon sang !

Monet — Mais vous ne comprenez donc rien ! Tout est noir ici ! *(Il montre sa tête.)* Là ! *(Il montre son cœur.)* Là ! *(Il tend ses mains devant lui.)* Le noir m'a envahi. Il m'est tombé dessus un matin, et je n'arrive pas à m'en défaire. Vous avez un remède contre ça ?

Durand-Ruel — Un remède ?

Monet — Un remède contre l'obscurité.

Durand-Ruel — Un remède… contre l'obscurité… Je réfléchis…

Monet — Vous n'en avez pas. Alors partez, vous m'ennuyez, vous êtes inutile.

Durand-Ruel — Je sais une chose, néanmoins : toutes les couleurs s'accordent dans l'obscurité… et se confondent.

Monet — Ça me fait une belle jambe.

Durand-Ruel — Pensez-y tout de même.

Monet — Pas envie de penser.

Durand-Ruel — C'est justement pourquoi, depuis quelque temps, je pense pour deux. Vous peignez, je vous expose, nous vendons... Et cette fois nous vendons cher, nous vendons en quantité ! J'ai déjà sondé à droite, à gauche, quelques collectionneurs : ils sont emballés, très impatients de voir vos nouvelles œuvres. Sur le papier, tout ça paraît simple ! Mais quand je vous vois affalé sur ce lit, les bras m'en tombent. Allez, levez-vous... Levez-vous !

Monet — Foutez le camp.

Durand-Ruel — Comment peut-on être si doué et si mal dégrossi ? Pour vous comme pour moi, je vous conseille de retrouver la vue. Retrouvez votre âme, et faites ce que vous avez toujours fait : peindre ! *(Il prend la lampe à pétrole qu'il avait avec lui en arrivant, se dirige vers la porte.)* La clé, je la pose ici... Elle ouvre et ferme le verrou. Je repasserai demain, voir si vous allez mieux. D'ici là, faites de beaux rêves.

Monet — Pas envie de rêver.

Durand-Ruel — Je sais. Je vérifiais juste que vous m'écoutiez.

Il sort. Un léger temps.

Monet se redresse, se lève, prend le billet de cent francs, le repose sur la table.

Puis il se plante devant la baie vitrée, son corps s'incline légèrement sur la droite comme s'il cherchait l'inspiration.

Lentement, du soir nous passons au matin, toujours brumeux et froid.

Monet n'a pas bougé.

La porte à jardin s'ouvre brusquement.

Apparaît Camille... et avec elle la lumière, la joie, la jeunesse.

Elle porte une jupe 1900 et un gracieux corset bleu pâle.

CAMILLE — Je peux entrer ?

MONET — Quelle heure est-il ?

CAMILLE — Huit heures.

MONET — Revenez dans une heure.

CAMILLE — Vous en avez de bonnes ! Dans une heure, la boutique sera pleine de clientes ! *(Elle s'admire dans le miroir.)* Qu'est-ce que vous dites de ça ? C'est un corset Summer. On les a reçus hier. Ça vaut une fortune, ces machins-là ! Il paraît que la reine d'Angleterre en a sept ! J'en ai piqué un pour l'essayer... C'est si léger, je n'ai même pas la sensation de le porter... Et pour mouler, il moule ! Vous voulez le passer ?

MONET — Pardon ?

CAMILLE — Je plaisantais. De toute façon, vous ne passeriez pas le petit doigt. Faut maigrir un peu ! Vous faites de l'exercice ? Moi, tous les matins, je roule dix kilomètres à bicyclette. Y a pas mieux pour la forme. *(Elle soulève sa robe.)* Regardez ces jambes : pas une once de graisse ! Touchez, si vous voulez. Touchez. *(Monet avance sa main pour tâter, Camille recule.)* Gros dégoûtant ! Au fait, je m'appelle Camille. Je travaille comme modèle dans la boutique du dessous.

MONET — Comment vous dites ?

CAMILLE — Camille… Et vous, votre nom à vous, c'est quoi ?

MONET — Vous pouvez me rendre un service, Camille ? Parlez moins fort. Mieux : ne parlez plus du tout.

CAMILLE — Oh ! il est grincheux, le matin ! Qu'est-ce que vous faites ?

MONET — Hein ?

CAMILLE — Oui, qu'est-ce que vous faites ici ? Vous êtes dans un salon d'essayage.

MONET — Je…

CAMILLE — Vous êtes venu mater, c'est ça ?

MONET — Mater ?

CAMILLE — Reluquer, vous rincer l'œil…

MONET — Pas du tout !

CAMILLE — Vous avez installé votre lit et vous êtes venu zyeuter les modèles de la boutique. Vieux vicelard !

MONET — Dites donc, vous ne manquez pas d'air, vous !

CAMILLE — Vous non plus, vous ne manquez pas d'air.

Elle grossit ses joues et mime l'embonpoint de Monet.

MONET — Bon, allez, sortez d'ici ! Sortez d'ici ou j'appelle votre patron !

CAMILLE — Et susceptible avec ça ! Il n'y a personne encore. Je vous l'ai dit : il n'y a que nous deux. M. Émile n'arrive jamais avant dix heures. *(Elle se place devant le miroir.)* Vous voyez, je me moque de vous et j'arrive pas à fermer la dernière agrafe. Vous voulez m'aider ?

MONET — Allez au diable !

CAMILLE — S'il vous plaît... *(C'est demandé si gentiment que Monet ne résiste pas. Il va pour fermer la dernière agrafe du corset, située près des seins. Ses mains s'approchent, tremblent... Il n'ose pas...)* Ce n'est qu'une agrafe.

MONET — C'est vous qui le dites.

CAMILLE — Elle ne vous mangera pas.

MONET — Vous ne pourriez pas retenir votre respiration ? *(Camille s'exécute. Les mains tremblantes de Monet s'approchent... et ferment l'agrafe.)* Voilà.

Les mains de Monet s'attardent sur le haut du corset, effleurent la peau...

CAMILLE — Si vous en cherchez d'autres, il n'y en a pas.

MONET — Mm ?

CAMILLE — Des agrafes... à fermer...

MONET — Pardon...

face à vous, elle remplit votre espace, vos journées... Vous ne faites qu'un ! Vous êtes la cathédrale !

MONET — Fermez-la, maintenant.

Silence. Monet s'est mis à peindre.
Durand-Ruel prend son chapeau, ses gants, et sourit.
Il sort à cour, sur la pointe des pieds.
Et tandis que Monet peint, la cathédrale se dessine peu à peu sur la baie vitrée, jaune, verte, imprécise encore...

CAMILLE — Votre ami est parti ?

MONET — Je n'ai pas d'ami.

CAMILLE — Vous vous êtes bien fichu de moi. Vous m'avez raconté des histoires. *(Elle vient d'apparaître, boudeuse, vêtue d'un pantalon.)* Vous n'êtes pas le genre de peintre qui tartouille les murs, mais plutôt le genre qu'on expose, qu'on célèbre... Toutes les filles en bas parlent de vous. *(Monet suspend son geste. La cathédrale de la baie vitrée disparaît.)* Pourquoi vous ne m'avez rien dit ?

MONET — Et vous, pourquoi vous avez pris le billet de cent balles qui était sur la table ?

CAMILLE — Quoi ? Traitez-moi de voleuse, en plus ! C'est... c'est pas ce que vous croyez, j'ai...

MONET — Si vous en cherchez d'autres, je les ai planqués cette fois.

CAMILLE — Je ne suis pas venue pour ça ! Et je compte bien vous rendre celui que je vous ai...

MONET — ... volé.

CAMILLE — ... emprunté.

MONET — Je vous préférais en jupe. Depuis quand les femmes portent des pantalons ?

CAMILLE — Je vois : vous êtes grincheux le matin, vous êtes grincheux le soir, en fait vous êtes grincheux tout le temps.

MONET — Pas quand je peins.

CAMILLE — J'ai de la chance, alors. Jeanne, une des filles de la boutique, a déjà vu vos peintures. À Paris. Ça ne lui a pas plu du tout ! Je peux voir ?

Elle s'approche du chevalet.
Monet s'interpose.

MONET — Certainement pas. Ce n'est même pas une ébauche, c'est rien pour le moment, quelques taches sans aucun sens.

CAMILLE — S'il vous plaît...

MONET — C'est personnel... C'est comme...

CAMILLE — ... un enfant ?

Monet — Si on veut. Celui-là est encore difforme. Revenez quand il aura grandi.

Il recouvre son chevalet d'un drap, lave ses pinceaux.

Camille — Vous comptez vraiment passer un an ici, cloîtré entre ces murs ?

Monet — S'il le faut.

Camille — Il y a de quoi devenir fou.

Monet — Je le suis déjà, vous savez. Alors avec un peu de veine, je sortirai d'ici guéri.

Camille, *devant la baie vitrée* — Et c'est ça que vous voulez peindre ?

Monet — Oui, enfin pas tout à fait. On ne peint jamais vraiment les choses… Seulement la sensation qu'elles produisent sur vous. Juste un effet… L'éclat de lumière ou d'obscurité à un instant précis. La peinture ne peut être qu'éphémère.

Camille — Oh ! ben dis donc ! Je comprends pourquoi ma copine Jeanne a pas aimé vos toiles ! Vous pensez trop. Allez, venez. Allons dehors ! Allons faire un tour à bicyclette. Sur les bords de Seine ! Quand je suis sur mon vélo, je ne pense à rien. Je regarde le paysage, je regarde les gens, je sens le soleil sur mon visage, et ça suffit à me rendre heureuse. Venez ! Il fait si bon dehors… *(Elle tend sa main vers Monet.)* Vous savez faire du vélo ?

MONET — Je ne me suis jamais posé la question.

CAMILLE — Vous avez vraiment un train de retard, ma parole ! Le vélo, c'est la liberté ! Allez, venez, je vais vous apprendre, il suffit de se lancer ! Ça n'a rien de compliqué. J'ai passé mon pantalon pour ça.

MONET — J'ai du travail. Je dois avancer, réfléchir, trouver l'impulsion...

CAMILLE — La cathédrale, elle bougera pas d'ici, vous savez. Même si vous partez cinquante ans, elle sera toujours là à votre retour.

MONET — Elle a le temps, elle... Pas moi. Et j'en ai trop perdu, ces dernières années, à tourner en rond, à ne rien faire... Je dois avancer. Peindre, peindre encore !

CAMILLE — Sortons une heure, dans ce cas, sortons dix minutes.

MONET — Laissez-moi. Allez rejoindre vos amies.

CAMILLE — Les filles de la boutique ? Elles sont toutes casées. Même la mère Louise a un homme : un gros gendarme plein de poils... Je suis aussi seule que vous.

MONET — Écoutez, je n'ai pas peint depuis un an... Je ne sais même pas si je saurai encore. Je tremble, j'ai mal au bide, j'ai envie de disparaître. Je n'ai pas le temps de m'occuper de vous, je n'ai plus le temps de faire joujou. Chaque seconde qui passe est une seconde de perdue : un reflet en moins sur la cathédrale, une touche que je ne pose pas sur la toile. Je dois me tenir là, face à elle, le plus près possible, jusqu'au moment où quelque chose apparaîtra... Vous voulez m'aider ? Alors, partez. Ne revenez pas. Laissez-moi tranquille. Tenez, j'ai ça pour vous.

Monet sort tous les billets de sa poche.

CAMILLE — Pour qui vous me prenez ?

MONET — Je n'en ai pas besoin, j'ai tout ce qu'il me faut ici.

CAMILLE — Je veux pas de votre fric !

Camille va pour sortir.

MONET — Excusez-moi... Pardon... J'ai toujours été maladroit avec les dames.

Léger silence.

CAMILLE — Aucune des filles ne sait que je vous ai vu. M. Émile nous a interdit de monter. Personne ne viendra plus vous déranger. C'est quoi votre nom ? Les filles me l'ont dit, mais j'ai oublié.

MONET — Ça n'a pas d'intérêt...

CAMILLE — Faites pas votre rabat-joie.

MONET — Monet... Claude Monet.

Camille — Claude et Camille... Nos deux noms commencent par la même lettre, vous avez vu ?

Camille disparaît.

Puis Monet soulève le drap, observe sa toile...

Il attrape un pinceau et peint en restant debout. La toile prend forme sur la baie vitrée, la cathédrale bleue devient rose, plus claire, plus chaude.

Mais soudain, comme si on avait jeté un grand seau d'eau sur la toile, la cathédrale se dissout, se désagrège.

Monet suspend son geste... et hurle !

Nuit.

Applaudissements, brouhaha, verres qui tintent, ombres sur la baie vitrée...

Réception à la mairie... Durand-Ruel entre sur scène, un verre de champagne à la main, salue d'un mouvement de tête les invités, lève son verre pour en saluer d'autres...

Le maire, *off* — Monsieur Monet, c'est un immense honneur de vous recevoir ici !

Monet, *comme s'il était à la réception* — Monsieur le maire...

Le maire, *off* — Vous faites de notre mairie un lieu à part, ce soir. (*Moue de Monet.*) Si, si, vraiment... Laissez-moi vous présenter Mme Hachard...

Mme Hachard, *off* — Enchantée.

Le maire, *off* — Mlle Davies...

Mlle **Davies**, *off, accent anglais* — J'adore ce que vous faites.

Le maire, *off* — Il y a aussi le général Pradier qui souhaiterait vous saluer.

Monet, *à Durand-Ruel* — Paul... Paul ! Partons, je vous en prie. Foutons le camp !

Durand-Ruel, *à voix basse* — Patientez encore un peu, de Wolf n'est pas encore arrivé. C'est le collectionneur dont je vous ai parlé.

Monet — Je m'en contrefous ! Foutons le camp, je ne peux plus les supporter !

Durand-Ruel — Ah ! le voilà, justement ! Mon cher de Wolf...

De Wolf, *off* — Durand-Ruel, depuis le temps que vous me promettez de venir jusqu'à nous !

Durand-Ruel — Et me voici ! Et je ne suis pas venu seul, comme vous le savez... Monet... Monet ? Où est-il ? Il n'a pas dû aller bien loin... Je vous demande un instant... Monet ? *(Monet a disparu. Bruit de pas rapides. En animation sur la baie vitrée : un petit personnage court sur les quais, hors d'haleine, projetant une longue ombre derrière lui...)* Monet ? Où êtes-vous ?

Le personnage, en animation, court toujours, à bout de souffle... Bruit des pas sur le pavé...

Des voix, *comme en écho* — Monet... Monet... Monet... Monet...

Monet, *hurlant* — Foutez-moi la paix ! Vous allez tous me faire crever ! Foutez-moi la paix, nom de Dieu !

Monet se tient recroquevillé sur lui-même, à l'avant-scène. Gnossienne n° 4 d'Erik Satie.
Durand-Ruel est sur le seuil de la porte, à cour.
Un temps.

Durand-Ruel — J'ai parlé d'inspiration soudaine, de démon de la peinture, et promis à de Wolf qu'il serait le premier à venir voir vos œuvres... Bref, je m'en suis tiré comme j'ai pu. Vous avez de la chance, on pardonne tout aux artistes... Tout, tant qu'ils ont du génie. *(Silence de Monet.)* Vous ne pourrez pas fuir toute votre vie, vous savez. Et je ne serai pas toujours derrière vous, à vous materner. Vous m'écoutez, Monet ? *(Pas de réponse.)* Je ne vous comprends pas... Ces gens souhaitaient seulement vous approcher, vous connaître. N'avez-vous pas travaillé dur toute votre vie pour cela ? Comment voulez-vous qu'on aime votre peinture, si vous refusez qu'on vous aime ? Si vous-même vous ne vous aimez pas ? *(Léger silence.)* Désormais je vous interdis de douter. Vous m'entendez ? Douter, c'est la mort de votre art. Douter vous enferme dans l'obscurité. *(Nouveau silence.)* Bon, plus prosaïquement, j'ai piqué des petits fours. Vous ne les méritez pas, mais je suis sûr que vous n'avez rien dans le ventre. Goûtez-les, ils sont divins. Le maire ne s'est pas foutu du vous ! *(Il en propose à Monet qui reste de marbre, prostré.)* Vous les mangerez plus tard. *(Il pose les petits fours sur la table.)* Le soleil se lève dans quelques heures. Je vous laisse... Réfléchissez à tout ça... *(Il sort à cour, bruit d'une chute. En off :)* Fait chier, merde !

Monet se redresse, fait quelques pas…

Monet — Vous croyez que je ne sais pas que vous êtes là ?

Camille — J'adore écouter aux portes.

Camille apparaît dans une robe simple.

Monet — Vous ne devez pas avoir une très bonne image de moi.

Camille — Elle n'était pas formidable, avant, de toute façon.

Monet — Qu'est-ce que vous faites là, à une heure pareille ?

Camille — On fêtait l'anniversaire de la mère Louise. Je suis montée voir si vous n'aviez besoin de rien.

Monet — Alors je vous chasse, et vous revenez.

Camille — Je ne demande rien. Je veux juste m'asseoir et vous regarder.

Monet — Me regarder ?

Camille — Peindre.

Monet — Ça fait des siècles que je n'ai pas peint… Peint quelque chose de bien.

Camille — Vous ne m'entendrez pas, vous ne me verrez pas, je me ferai toute petite.

Monet — Vous fichez pas de moi. Dès que vous êtes dans cette pièce, vous prenez toute la place... Votre pantalon ?

Camille — Vous ne l'aimiez pas.

Monet — Et sous votre robe, vous portez votre corset ? Comment s'appelle-t-il, déjà ?

Camille — Summer... Trop cher. Je n'ai rien sous ma robe.

Monet — Rien ? Vous pouvez rester. Mais vous faites ce que je vous dis.

Camille, *avec un salut militaire* — Bien, chef.

Camille s'approche des petits fours, hésite...

Monet — Allez-y.

Camille sourit, en goûte un.

Camille — Ils sont meilleurs que ceux d'en bas.

Monet — Mangez-les tous, je n'ai pas faim. *(Camille mange goulûment plusieurs petits fours, tandis que Monet installe une toile blanche sur son chevalet.)* Venez là, à la lumière. Installez-vous.

Camille, hésitante, s'exécute, se place devant la baie vitrée...

Camille — Là ?

Monet — Asseyez-vous... Tournez votre visage par là... Pas trop... Voilà... Bon, quand vous aurez fini de mâchouiller, on pourra y aller.

Camille, *la bouche pleine* — Excusez-moi, j'ai pas vraiment l'habitude... *(Elle déglutit.)* Je suis prête. *(Monet trace au crayon les contours du visage de Camille. Le tableau se reflète sur la baie vitrée.)* Je ne me suis même pas recoiffée...

Monet — Taisez-vous.

Silence.

Camille — Vous avez déjà couché avec une de vos modèles ? Je suis sûre que vous êtes un vieux lubrique. Extérieurement très digne... mais à l'intérieur, vous bouillonnez comme un volcan. Pas vrai ?

Monet — Vous savez ce que j'apprécie dans la peinture ?

Camille — Le silence, je sais.

Monet — Alors, taisez-vous.

Camille fait signe qu'elle ne dira plus un mot.
Un temps.

Camille — Je peux quand même vous poser une question ?

Monet — Non.

Camille — C'est vrai ce que disait votre ami ?

Monet — Je n'ai pas d'ami. Qu'est-ce qu'il disait ?

Camille — Que vous refusiez qu'on vous aime.

Monet — Oubliez ça. Durand-Ruel est un très bon marchand d'art, mais il ne connaît rien à l'âme humaine. Rien.

Camille — Tant mieux. Il existe une Mme Monet ?

Monet — ...

Camille — Répondez-moi.

Monet — Non.

Camille — Pas de Mme Monet ? Dommage... Je l'imaginais blonde, assez fine, de grands yeux... Vous en mieux, quoi ! Vous n'avez pas d'enfants, alors ?

Monet — J'en ai deux. Je les élève tant bien que mal. Leur mère est morte il y a quinze ans.

Camille — Pardon, je ne savais pas... à mon tour d'être maladroite. Comment était-elle ?

Monet — Un peu comme vous : jolie, gaie, lumineuse... Je vous regarde et je m'aperçois que c'est elle que je dessine.

Camille — Je peux ?

Monet — Ce n'est qu'une esquisse...

Camille jette un œil à la toile.

CAMILLE — Elle est ravissante, en effet.

MONET — Parlons d'autre chose.

CAMILLE — Non, je vous en prie, dites-moi comment elle est morte.

Monet hésite, puis se souvient...

MONET — Lentement. Une longue agonie. Terrible. Pas un sou en poche. Pas de médecin. Les enfants étaient hauts comme ça. Des adieux déchirants. Et puis, l'après-midi de sa mort, je me suis surpris à la peindre, sur son lit : pâle, le visage maigre par la maladie, par la faim, les yeux fermés. Ma femme était là, morte, et moi je la peignais. Je ne cherchais pas à lui rendre hommage... Je cherchais de quelle couleur était la mort... Elle est mauve, elle est blanche, elle est bleue. Il n'y a pas un jour où je ne pense à elle, sur ce lit, dans sa longue robe usée, avec quelques fleurs que les enfants avaient déposées sur sa poitrine. Son souvenir revient et revient encore.

Un temps.

CAMILLE — Vous feriez chialer un régiment !

MONET — Excusez-moi... C'était il y a quinze ans. Quinze ans déjà... Elle était comme vous. La même forme de visage, les yeux ronds et souriants. *(Il s'est approché de la jeune femme, tend sa main, caresse sa joue...)* Et elle aussi s'appelait Camille... *(Un silence, puis Monet recule.)* Mais elle avait un avantage sur vous : elle parlait moins.

Camille — Évidemment, vous ne l'auriez pas épousée sinon.

Monet — Et vous ? Pas d'amant ? Pas de petit ami ?

Camille — Pas aux dernières nouvelles.

Monet — Vous n'êtes plus vierge, tout de même ?

Camille — Non mais ça va pas ! Vous en avez des questions !

Monet — Je croyais qu'on se disait tout. Alors vous me traitez de vieux lubrique, vous me demandez si je couche avec mes modèles, mais vous, à la première question sous la ceinture, vous vous braquez.

Camille — Je ne me braque pas !

Monet — Vous êtes aussi raide que mon pinceau ! *(Camille se demande quel sens donner à la réplique de Monet.)* Ce n'est pas ce que j'ai voulu dire… Je… Après tout, ça ne me regarde pas…

Monet retire la toile de Camille du chevalet, et pose à la place celle de la cathédrale.

Camille — Alors ça y est, c'est déjà fini, vous changez de toile.

Monet — Vous bougez trop, vous parlez trop. Je n'arrive pas à me concentrer.

Camille — C'est sûr que vous n'avez pas ce genre de problème avec votre cathédrale. Mais honnêtement, ça va intéresser qui ? Une cathédrale sur une toile.

Monet — Ce n'est pas la cathédrale que je peins, je vous l'ai déjà expliqué. Je peins la lumière qui a autour les reflets du temps qui passe, l'instant…

Camille — Je sens que ma copine Jeanne va adorer votre prochaine exposition !

Monet — Bon, écoutez, mademoiselle, je veux bien être le type le plus conciliant qui soit, mais par moments vous me sortez par les yeux ! « Vous ne me verrez pas, vous ne m'entendrez pas, je me ferai toute petite… » Tu parles ! Asseyez-vous. *(Camille va pour s'asseoir sur la chaise restée en milieu de scène.)* Non, pas celle-là… Là-bas, loin. *(La jeune femme se dirige côté jardin près du mur. Monet reprend son pinceau, sa position légèrement inclinée sur la droite, s'apprête à peindre… et explose !)* Et voilà ! Plus rien ne vient, maintenant ! Vous êtes une vraie tornade ! Je perds mes repères, avec vous… Vaut mieux vous avoir en peinture !

Camille — Vous voulez que je m'en aille ?

Monet — C'est ça ! Allez, ouste ! Du vent ! Du vent ! *(Camille s'exécute.)* Non, non, attendez, attendez… Restez… Je n'avais plus envie de peindre, de toute façon… Restez. *(Long regard. La jeune femme revient lentement vers Monet, dénude une épaule, la seconde…)* Qu'est-ce que vous faites ?

Camille — Je retire ma robe. C'est ce que vous voulez, non ?

Monet — Je... Je ne sais pas... Je vous rappelle que vous n'avez rien en dessous.

Camille — J'ai peut-être menti... Vous voulez vérifier ?

Monet — Je suis incapable de bouger... J'ai deux fois votre âge.

Camille — Si vous croyez que ça m'impressionne !

Monet — On pourrait nous surprendre.

Camille — Qui ? Votre ami ? M. Émile ? Il ne monte jamais ici. Donnez votre main. Posez-la sur mon cœur... Il bat, vous voyez... Comment le trouvez-vous ?

Monet — Rond. Je le trouve bien rond.

Camille — Est-ce que je vous inspire, monsieur Monet ? Est-ce que je vous inspire ?

Monet — Oui.

Camille — Dites-le-moi.

Monet — Oui, vous m'inspirez.

Très proches l'un de l'autre.

Camille — Alors, venez... (*Elle entraîne Monet devant le chevalet.*) Peignez pour moi.

Légère hésitation de Monet, puis il prend son pinceau et peint.

Gnossienne n° 5.

Cette fois-ci, la cathédrale s'élève admirablement sur la baie vitrée. Une cathédrale claire, lumineuse, pleine de soleil...

La nuit laisse place à un matin ensoleillé.

Monet se met à rire.

MONET — Qu'est-ce que vous m'avez fait ? Vous m'avez jeté un sort ? Tout est si simple, si évident ! Je n'ai qu'à jeter la peinture sur la toile. Et elle tient, admirablement, naturelle-ment. *(Camille recule.)* Non ! Ne vous éloignez pas, restez près de moi. Vous vouliez me regarder peindre, non ?

CAMILLE — Je dois y aller, maintenant, vous n'avez plus besoin de moi... La boutique va bientôt ouvrir... Les clientes, M. Émile...

MONET — Quoi, M. Émile ? Il n'arrive pas avant dix heures. J'irai lui parler. Il m'écoutera. Il paraît qu'il m'admire... Ne partez pas.

CAMILLE — On nous livre les nouveaux corsets Summer ce matin.

MONET — Je m'en fous ! *(Se reprend.)* Je vous en prie...

CAMILLE — Je ne veux pas... Je ne veux pas rester ici enfer-mée avec vous pendant des mois, si c'est à ça que vous pensez.

Monet — Mais j'ai besoin de vous, moi ! Alors il ne fallait pas me faire votre numéro de charme cette nuit.

Camille — Vous m'avez juste tripoté le sein gauche, c'est tout.

Monet — Non, je ne l'ai pas « tripoté » ! Je l'ai effleuré, caressé... Je l'ai envisagé... Combien il vous paye ?

Camille — Qui ?

Monet — Votre patron.

Camille — Vingt-cinq francs la semaine.

Monet — Je vous en offre le double ! Le triple !

Camille — Arrêtez, je sais bien que vous n'avez pas un rond. Pas plus que moi, en tout cas.

Monet — Alors je vous donnerai un de mes tableaux, vous pourrez choisir !

Camille — Un tableau ? *(Elle rit.)* Non, c'est gentil, mais non.

Monet — Je ne vois pas ce qu'il y a de drôle.

Camille — J'y vais, maintenant.

Monet — Un corset. *(Camille se fige.)* Un corset Summer.

Camille — Un corset Summer... taille 2 ?

MONET — Il y a plusieurs tailles ?

CAMILLE — La femme de M. Émile prend une taille 8.

MONET — Ce n'est plus un corset, c'est une palissade !

CAMILLE — Ne soyez pas méchant. Un corset Summer, mais à mes conditions.

MONET — Très bien. Lesquelles ?

CAMILLE — Qu'il n'y ait aucune condition. Je reste libre d'aller et venir. La boutique est juste en dessous. Je vous rejoindrai le soir, après la fermeture. Je passerai les dimanches avec vous, si vous y tenez.

MONET — Ça me va. Vous savez pourquoi je fais ça ? Pourquoi je peins ? Pour des moments comme ce matin... Rose, bleu, mauve... Je fermais les yeux, je retenais mon souffle... et elle était en moi.

CAMILLE — Qui ?

MONET — La lumière ! Je ne l'avais pas vue depuis des siècles ! Maintenant elle est là, sur cette toile. Et c'est grâce à vous.

CAMILLE — Je ne suis qu'une petite modèle, vous savez, de lingeries et modes, rien de plus. Je n'y connais rien à la peinture. J'ai même jamais mis les pieds dans un musée.

MONET — Et vous dites ça comme ça, comme si c'était naturel.

CAMILLE — À quoi ça me servirait ?

Monet — L'Art ? À quoi ça sert, l'Art ? À rien, vous avez raison.

Camille — Ah.

Monet — Ou peut-être... à voir autrement les choses. Sous un autre angle. Une vision différente. Cette pomme est rouge. Mais je pourrais la peindre brun foncé ou violette.

Camille — Génial, une pomme pourrie ! Moi je préfère les belles choses.

Monet — Parfois des femmes laides sont belles. Parfois un beau paysage sur une toile devient fade. Botticelli peignait des femmes avec des longs cous, des longs doigts... Ça ne les rendait pas moins belles, au contraire. Et Ingres et ses dos interminables... Je vais vous dire : l'Art en a rien à foutre de la beauté ! Ce qui compte c'est ce que vous avez dans le bide, la façon dont vous allez transformer votre sujet, le modeler, le faire vôtre. *(Léger silence.)* La cathédrale... Les gens passent devant sans même la remarquer... Mais ils s'arrêteront devant mes toiles. Et pour la première fois, ils la verront avec un regard neuf... Alors, peut-être, ils la trouveront belle. *(Se rapproche d'elle.)* Une femme porte un corset Summer : elle veut qu'on la perçoive autrement, elle veut plaire, séduire, ne pas perdre tout à fait sa jeunesse. Le peintre agit de la même façon : il tente d'arracher au temps quelque chose, de donner à son modèle une part d'éternité... Et parfois, avec un peu de chance, il y arrive. *(Proches l'un de l'autre.)* Le corset Summer, malheureusement, ne fera illusion que quelques années, l'espace d'un instant, un claquement de doigts. Puis vous vous retournez, vous vous observez dans une glace, l'âge vous a déjà rattrapé.

CAMILLE — On voit bien que vous y connaissez que dalle en Summer ! Vous savez en quoi ils sont faits, au moins ? Soie, satin et des fins ressorts en acier.

MONET — Des fins ressorts en acier ?

CAMILLE — Parfaitement. Pour plus de souplesse, d'élasticité. À la différence des autres, le Summer, il ne comprime pas, il libère. Vous ne pouvez pas en dire autant de vos peintures, monsieur Monet !

MONET — C'est vrai, vous avez raison…

CAMILLE — Un corset Summer, c'est comme faire du vélo, porter un pantalon, dire merde à son Jules : c'est la liberté ! JE décide de la forme de mon corps ! Personne d'autre ! Personne !

MONET — D'accord, d'accord… On vous bouscule, vous démarrez au quart de tour.

Camille marmonne un instant dans son coin.

CAMILLE — Ça tient toujours, notre marché ?

MONET — Évidemment.

CAMILLE — Comment vous allez l'appeler, votre toile ?

MONET — Je ne sais pas encore.

CAMILLE — *Harmonie du matin.*

MONET — *Harmonie du matin?* (*Il éclate de rire.*) Je me fais flinguer par la critique avec un titre pareil. Non, plutôt quelque chose comme… *Cathédrale, numéro 1.*

CAMILLE — Ah oui, c'est mieux! Beaucoup plus chaleureux, plus attrayant…

MONET — Vous avez une autre idée?

CAMILLE — *Cathédrale… symphonie en rose et azur.*

Regards…

MONET — Oui… Oui… Si ça peut vous faire plaisir.

CAMILLE — Si vous voulez vraiment me faire plaisir, accompagnez-moi dimanche. Je vous emmène voir une course automobile interdite aux voitures à chevaux. Ils partent de Paris le matin, ils seront là dans l'après-midi. Ils roulent à plus de vingt kilomètres-heure! L'arrivée se fait sur les quais. Ça vous amuse?

MONET — Je peux être franc?

CAMILLE — Non. Je n'ai pas envie d'y aller seule.

MONET — J'ai horreur du monde.

CAMILLE — Vous ne pouvez pas louper ça, c'est l'avenir!

MONET — C'est l'avenir pour vous. Le mien, il est déjà derrière moi.

CAMILLE — Ne dites pas ça ! Pas après cette nuit. Pas après avoir peint cette toile. Allez, dites oui, s'il vous plaît...

Camille se fait câline, Monet sourit.

MONET — On ne peut rien vous refuser.

Depuis un moment, Monet a sorti le réchaud à alcool apporté par Durand-Ruel.
Il a allumé le réservoir avec une allumette, et pose dessus une boîte de conserve qu'il a dégotée près de son lit.

CAMILLE — Qu'est-ce que vous faites ?

MONET — Des haricots.

CAMILLE — À huit heures du matin ?

MONET — Le matin, l'après-midi, le soir... C'est excellent, les haricots.

CAMILLE — Vous n'avez pas une casserole ? Il faut ajouter du lard, des saucisses, de la graisse... Ça va être franchement dégueu, votre truc.

MONET — J'ai toujours fait comme ça.

CAMILLE — Toujours ?! Qu'est-ce qu'ils mangent, vos enfants ?

MONET — Des haricots.

CAMILLE — Éteignez-moi ça. Je vous apporterai quelque chose, cuisiné à ma façon. Qu'est-ce que vous en avez fait, de vos enfants ? Vous partez un an pour peindre, et vous les laissez seuls derrière vous ?

MONET — J'ai une amie qui veille sur eux. Et puis ils sont grands maintenant. Ils n'ont plus besoin de moi. C'est même l'inverse depuis quelques années : c'est moi qui ai besoin d'eux. *(Il a pris une cuillère et avale ses haricots directement dans la conserve.)* Ça vous tente ?

CAMILLE — Plutôt me pendre.

MONET — Et vous, vous avez des enfants ? *(La clochette de la porte d'entrée du magasin tinte.)* Ah... c'est... Comment elle s'appelle, déjà ?

CAMILLE — La mère Louise. Toujours la première.

MONET — Allez-y, descendez travailler. Je vais retoucher *Symphonie en rose et azur...* *(Camille s'éloigne vers la porte à jardin. Monet attrape son chevalet, sa toile, et les déplace côté jardin.)* Je serai plus près de vous, comme ça. De là-bas, je n'entends même pas le son de votre voix... Prenez les couleurs, les pinceaux... *(Camille s'exécute.)* Posez tout ça ici, je m'arrangerai.

Monet ne fait déjà plus attention à elle. Il range ses couleurs, lave ses pinceaux, s'occupe...

CAMILLE — J'y vais...

Camille demeure sur scène encore un instant, puis sort par la porte côté jardin.

Gnossienne n° 1.

Monet se redresse, se retourne, et se surprend à être seul.

Il va vers la porte côté jardin restée ouverte, tend l'oreille...
Aucun bruit.

Monet revient dans la pièce, se tourne vers la baie vitrée.

Il sort une paire de lunettes épaisses de sa veste, la porte à ses yeux, et prend sa position inclinée...

La lumière change : fin d'après-midi.

La porte côté cour s'ouvre. Durand-Ruel entre avec précaution à cause de la marche. Monet n'a pas bougé.

Long silence comme si les deux hommes étaient seuls chacun de leur côté.

Aux premiers mots de Durand-Ruel, Monet retire ses lunettes, les range...

Durand-Ruel — Il n'a rien voulu entendre ! Il fallait qu'il voie vos toiles séance tenante. Mon sang n'a fait qu'un tour, et je l'ai invité — en termes exquis, vous me connaissez —, à aller se faire foutre !

Monet — Ça n'a pas dû lui plaire.

Durand-Ruel — Oh ! que non ! Nous ne sommes pas près de le revoir. Que voulez-vous, j'ai promis la primeur de vos toiles à de Wolf, pas à ce Brétel. C'est de Wolf qu'il faut caresser dans le sens du poil. Il est assis sur un tas d'or.

Monet — Un collectionneur de perdu, dix de retrouvés.

Durand-Ruel — C'est ce que je me suis dit. Alors, ça avance ? J'en ai l'impression… Je peux voir ? (*Monet le foudroie du regard.*) Je plaisantais, c'était juste une idée comme ça… C'est la combientième ?

Monet — Quatre.

Durand-Ruel — J'ai hâte. Je donnerais tout ce que j'ai pour jeter un œil sur vos toiles. Bon, mon petit père, parlons sérieusement : quand puis-je inviter de Wolf à venir ici ? Parce que je fais le vide autour de vous, je vire à coups de pied dans le cul les casse-pieds, les journalistes, les curieux… Mais la rumeur va bon train. Depuis que vous vous êtes remis au travail, je reçois trois ou quatre lettres par jour de marchands d'art, de galeries, de musées… Tous veulent en être. Votre idée de peindre la cathédrale en série est une vraie révolution ! D'ailleurs je devais partir, je reste… Alors, qu'est-ce qu'on fait ?

Monet — Paul, vous croyez qu'on a le droit à une seconde chance ?

Durand-Ruel — De quoi parlez-vous ?

Monet — Quand on a passé la cinquantaine, une seconde chance dans la vie ? Vous croyez qu'il y a une limite d'âge pour tomber…

Monet ne finit pas sa phrase…

Durand-Ruel — Pour tomber… quoi ?

Monet — Pour être follement...

Durand-Ruel — C'est difficile de vous suivre, aujourd'hui. Follement « inspiré », c'est le mot que vous cherchez ? Pour être inspiré ? Je crois que tout créateur, quel que soit son âge, peut innover, inventer... enfanter ! Oui.

Monet — Enfanter...

Durand-Ruel — Regardez le Greco : à soixante-quinze ans, il peignait encore. Vous-même, vous en êtes la preuve vivante. Après quinze, dix-huit mois d'atermoiements, de doutes, vous voilà enfin reparti. Une vraie résurrection ! Et je vais être franc avec vous : vous m'avez fait peur ! J'ai cru que je vous avais perdu pour toujours, que vous étiez perdu pour la peinture. Alors, quand je vous vois enchaîner les toiles les unes après les autres, pardonnez-moi l'expression, mais ça fait un bien fou, bordel !... Alors, qu'est-ce qu'on fait ? Au sujet de de Wolf, qu'est-ce qu'on fait ? Je lui dis de venir quand ?

Monet — Jamais.

Durand-Ruel — Hein ?

Monet — Je plaisante... Six mois. *(Tête de Durand-Ruel.)* Deux... Un mois...

Durand-Ruel — Impossible. Trop long, mon vieux, trop long ! Votre peinture sera sèche, vous aurez peut-être changé d'humeur... Comprenez-moi : de Wolf, pour nous, c'est la liberté. S'il aime vos toiles — et il les aimera, faites-moi confiance —, nous sommes libres financièrement pour un bon bout de temps. Réfléchissez.

MONET — Arrêtez de me presser comme un citron ! Je n'ai pas le génie de Michel-Ange. J'ai besoin de temps. Laissez-moi finir une dizaine de toiles, et de Wolf viendra ensuite.

DURAND-RUEL — Monet, mon petit Monet... si je vous presse, comme vous dites, c'est que... je ne sais pas comment vous avouer ça... je... je dois plusieurs millions, là !

MONET — Plusieurs millions ? Vous ?

DURAND-RUEL — Oui. À ma banque, à mes créanciers, à ma famille ! Je me suis lourdement endetté pour vous soutenir, pour soutenir Pissarro, Degas, Sisley... J'ai acheté des toiles, des toiles, des centaines de toiles, sans compter. Je n'ai plus un sou... Je ne suis même pas à l'hôtel d'Angleterre, bien trop luxueux, mais à l'hôtel Beauséjour, dans l'impasse d'à côté, hôtel qui n'a de beau que le nom, croyez-moi ! Je vous demande de m'aider. Si de Wolf ne craque pas pour vos toiles, et s'il ne craque pas vite, je suis foutu, totalement ruiné.

MONET — C'est une blague ?

DURAND-RUEL — Je crains que non.

MONET — Pourquoi vous ne m'avez rien dit ?

DURAND-RUEL — On ne dit pas ces choses-là. On les enterre profondément.

Monet — Et l'acompte que vous m'avez versé il y a quelques jours ?

Durand-Ruel — La moitié de ce qu'il me restait.

Monet — Vous êtes fou, complètement ! Vendez vos toiles. Vendez-les toutes.

Durand-Ruel — Si j'inonde le marché, elles ne vaudront plus rien. Je suis pris au piège : j'ai un trésor chez moi que je ne peux pas vendre, pas tout de suite, pas en une fois. Seules vos *Cathédrales* peuvent me sortir la tête hors de l'eau. C'est pourquoi je vous demande cet effort : acceptez que de Wolf vienne. Il nous payera une avance, une grosse avance. Nous en avons besoin, vous comme moi.

Monet — Surtout vous.

Durand-Ruel — Combien de toiles vous ai-je achetées pour vous sortir de la panade ? Faut-il vous le rappeler ?

Monet — Ne jouez pas sur les sentiments.

Durand-Ruel — Je n'ai pas le choix, mon vieux !

Monet soupire.

Monet — Vous pouvez tenir encore combien de temps ?

Durand-Ruel — Cinq jours. Dix tout au plus.

Monet — Faites-le venir à la fin du mois. Et ne me remerciez pas.

Durand-Ruel — Ah! *(Il se frotte les mains.)* Vous verrez, de Wolf est un homme sur lequel on peut compter. Vous n'avez besoin de rien ? De l'alcool pour votre réchaud, de couverture ? Des haricots ?

Monet — Quelle heure avez-vous ?

Durand-Ruel, *regarde sa montre gousset* — Dix-neuf heures trente. Vous attendez quelqu'un ou vous me fichez à la porte ?

Monet — Les deux.

Durand-Ruel — Tiens, tiens... Et c'est indiscret de vous demander qui vous attendez ? *(Regard glacial de Monet.)* C'est indiscret, je comprends.

Monet — J'aimerais seulement me reposer, j'ai peint toute la journée.

Durand-Ruel — Faites ce que vous voulez, mais gardez le rythme, Monet, hein, gardez le rythme.

Monet — Et vous, gardez-vous de tomber en sortant.

Durand-Ruel — Vous avez raison, je me méfie de cette marche comme de la peste.

Durand-Ruel sort à cour.

Monet tourne son visage vers la porte à jardin.

Va vers elle, l'ouvre, patiente un instant : aucun bruit, personne ne vient.

La baie vitrée s'assombrit lentement : nuit.

Il tourne en rond, va vers son lit, s'assied lourdement dessus, se prend la tête entre ses mains, grogne.

Gnossienne n° 4.

Baie vitrée, en animation : des cathédrales, bleues, oranges, rouges, se superposent les unes au-dessus des autres, puis s'écroulent sur un personnage minuscule.

Tonnerre, la pluie tombe à verse et ricoche sur le toit.

Matin, sombre.

Monet se lève, prend une feuille, un crayon noir...

MONET — Mes chers enfants. Celui qui dit avoir fini une toile est un parfait menteur ! Il n'y a pas une cathédrale, mais des centaines, des milliers ! La lumière se joue de moi, sans cesse en mouvement, sans cesse incertaine. Je cherche l'impossible, je crois. *(Il suspend son geste, froisse le papier, le jette. Il prend une nouvelle feuille.)* Peindre, peindre toujours jusqu'à ce que la toile en crève ! Essayer, essayer encore... Mais le temps me presse : je suis fatigué, ma vue baisse, mes mains me font souffrir, vous me manquez tous les deux...

Froisse le papier, le jette... Bruitage de deux ou trois voitures anciennes, klaxons, pétarades. Bruit de la foule qui acclame les voitures. Monet est sur les quais pour l'arrivée de la course automobile, et cherche Camille. Il se dresse sur la pointe des pieds, regarde au loin...

Camille ? Pardon, excusez-moi, pardon... *(Klaxons, pétarades...)* Camille ! Excusez-moi, je vous ai pris pour quelqu'un d'autre...

Bruit de la foule qui s'éloigne, rires... Monet reste seul, désemparé. Le silence revient peu à peu. Il défroisse la lettre qu'il vient d'écrire, ajoute :

Moi qui ai toujours connu les champs de blé, les plages, les horizons lointains, j'étouffe, je suis comme pris au piège... Alors je repense à votre mère. Et je crois la croiser à chaque endroit où je me trouve...

Durand-Ruel apparaît sur scène.

Paul ?, Vous pouvez poster cette lettre à mes enfants ? *(Il lui tend la lettre toute froissée.)* Qu'y a-t-il ?

Durand-Ruel — De Wolf... Il nous a quittés.

Monet — Il est mort ?

Durand-Ruel — Non, non, non. Cet imbécile est parti pour Paris ! Pour trois mois ! Une grosse affaire, paraît-il... Je ne sais plus quoi faire...

Monet — Recontactez Brétel.

Durand-Ruel — Ah ! ah ! ah ! Très drôle...

Monet — Et les autres ?

Durand-Ruel — J'ai... comment dire... un peu exagéré leur intérêt pour vos toiles. Votre dernière expo a été un tel fiasco que les marchands se méfient, désormais. Je suis désolé... Ceci dit, ça ne remet pas en cause mon enthousiasme. Moi, je crois en vous. Je sais que nous allons faire un tabac avec vos *Cathédrales*.

MONET — Que Dieu vous entende.

DURAND-RUEL — Non, mon vieux, non. Vous n'allez pas le remettre sur le tapis ! Dieu n'a rien à voir dans cette histoire. Ce n'est tout de même pas lui qui guide votre pinceau !

MONET — Vous allez rire, mais parfois je me le demande. Il y a des jours où tout va si bien, si vite, que je sens comme une présence au-dessus de mon épaule.

DURAND-RUEL — Qu'est-ce que vous racontez ?

MONET — Quelqu'un m'observe, m'encourage… On me souffle d'ajouter de l'ocre jaune plutôt que du parme… Et quand le pinceau touche la toile, il y a des mouvements saccadés que je ne contrôle pas.

DURAND-RUEL — Qu'est-ce que vous avez mangé ces derniers jours ? Vos satanés haricots ? C'est le plomb contenu dans les boîtes qui vous monte à la tête ! Bravo. Voilà où nous en sommes ! De Wolf est parti, nos finances sont à sec, et Monet a des visions ! Qu'est-ce qu'il pourrait nous arriver de pire ?

MONET — Le temps. Il est pourri.

DURAND-RUEL — Très juste. *(Il va pour regarder l'heure, sa montre gousset a disparu.)* Merde !

MONET — Qu'est-ce que vous avez fait de votre montre ?

DURAND-RUEL — Au clou, depuis hier… Il me fallait de quoi payer l'hôtel.

Monet — Tenez, prenez ça... *(Il sort le réchaud.)* Mettez-le au clou, lui aussi. Je n'en ai pas besoin.

Durand-Ruel — Vous n'allez pas manger froid, en plus !

Monet — Combien vous pouvez en tirer ?

Durand-Ruel — Dix, quinze francs.

Monet — N'hésitez pas. Prenez un billet de train et foncez à Paris. Allez trouver de Wolf et ramenez-le ici. *(Durand-Ruel hésite.)* Foncez, je vous dis !

Durand-Ruel — Vous avez raison. Je vais ramener ce grand nigaud ici ! *Wish me luck*, comme disent les Anglais.

Monet — Je parle pas anglais.

Durand-Ruel — Souhaitez-moi bonne chance.

Monet — Foncez !

Durand-Ruel se dirige d'un pas alerte vers la porte côté cour. Sifflement d'un train.

Sur la baie vitrée : de la vapeur, ambiance d'une gare, un train en animation, sur le quai un agent agite de haut en bas une lanterne...

Sur scène, même mouvement de haut en bas d'une lampe à pétrole.

Le fond sonore s'estompe.

Camille est là à jardin, dans sa robe simple, la lampe à pétrole à la main. Elle pose son sac de voyage, son chapeau.

Monet s'est allongé sur son lit. Le jour se lève.

CAMILLE — Je sais : vous m'en voulez... J'ai pas eu le temps de vous prévenir. J'ai dû partir précipitamment. Je pensais rester éloignée un jour ou deux. Ça ne s'est pas passé comme prévu. Vous ne dites rien ? Je vous ai blessé ? Vous voulez bien me pardonner ? *(Monet s'assied sur son lit.)* Tenez, je vous ai apporté ça, c'est une spécialité de chez moi. *(Camille dépose sur la table une assiette recouverte d'un torchon.)* Et voilà cinquante francs. Je vous en dois encore cinquante de plus.

MONET — Gardez votre argent.

CAMILLE — Pas question.

MONET — Gardez-le. *(Camille laisse l'argent sur la table.)* Vous n'êtes qu'une tête de noix.

Silence.
Camille et Monet reprennent la parole simultanément.

MONET — Où étiez...

CAMILLE — J'étais...

Ils se sourient, un léger temps.

MONET — Vous d'abord.

CAMILLE — J'étais à Honfleur... Vous connaissez ?

MONET — J'y ai peint quelques fois...

Camille — Il s'appelle Oscar. C'est l'homme de ma vie. Il a la peau douce, de beaux yeux verts et…

Monet — Et vous l'aimez, bien entendu.

Camille — Plus que ça.

Monet — Qu'est-ce qu'il fait dans la vie ?

Camille — Pour le moment, il apprend à parler.

Monet — À parler ? L'anglais ?

Camille — Notre langue. Oscar a dix-huit mois, cinq dents, et mesure quatre-vingts centimètres. Il passe ses journées chez sa nourrice.

Monet — C'est votre fils ? *(Camille acquiesce. Monet semble soulagé, puis il reprend, grave :)* Et son père ?

Camille — Ce grand couillon m'a quittée quand il a su que j'étais enceinte. Il a été aussi rapide pour descendre sa braguette que pour la remonter ! Je ne sais pas où il est, et je ne cherche pas à le savoir. Ici, les nourrices sont trop chères. Je fais l'aller-retour le plus souvent possible.

Monet — L'argent que vous m'avez emprunté, l'autre jour, c'était pour elle, n'est-ce pas ? Pour la nourrice ?

Camille — Je ne lui avais rien donné depuis des mois.

Monet reprend le billet de cinquante francs, le glisse dans la main de Camille.

Monet — Reprenez ça. Et ne discutez pas ! Je viens de vendre une toile.

Camille — C'est vrai ? *(Elle enroule ses bras autour du cou de Monet, troublé.)* J'en étais sûre ! Quelle toile vous avez vendue ?

Monet — Une que… que j'ai faite pendant votre absence. *Cathédrale dans le brouillard.*

Camille — Je suis si heureuse pour vous ! Et moi qui pensais vous retrouver au trente-sixième dessous…

Très proches l'un de l'autre.
Monet aimerait embrasser Camille… Il n'ose pas.

Monet — Je…

Camille — Qu'est-ce que vous avez aux yeux ? Vous avez comme des petites taches blanches…

Monet — C'est rien. *(Se recule.)* C'est quoi, votre machin ?

Camille — Quoi ?

Monet — Sur la table.

Il indique l'assiette recouverte d'un torchon.

Camille — Donnez-moi votre réchaud.

Monet — Plus de réchaud.

Camille — Plus de réchaud?

Monet — Cassé, foutu, jeté.

Camille — Vous les mangerez froides, c'est aussi bon. *(Elle soulève le torchon.)* Des crêpes flambées... Tenez, goûtez-en une. *(Monet goûte.)* Alors?

Monet — Ça me change! Divin...

Camille — C'est la cataracte, c'est ça? Vos yeux...

Monet — Non.

Camille — Vous avez vu un médecin? Qu'est-ce qu'il vous a dit?

Monet — Rien. Ce n'est pas la cataracte, je vous dis. Parlons d'autre chose. Où logiez-vous, à Honfleur?

Camille — De quelle couleur sont les rubans de mon chapeau?

Elle indique son chapeau posé au loin.

Monet — Quoi?

Camille — Mes rubans, vous les voyez : de quelle couleur sont-ils? Rouges ou bleus?

Monet — Il est dans l'ombre, votre chapeau.

Camille — Rouges ou bleus?

Monet — Cessez ce petit jeu ! Si vous êtes revenue pour…

Camille — Je n'ai pas de rubans. *(Silence.)* Vous ne pourrez pas cacher votre maladie très longtemps. Il n'y a rien de honteux, vous savez.

Monet — Oui, quand on tient une boutique, quand on travaille dans les champs. Mais la cataracte, pour un peintre, vous imaginez ? C'est comme un lanceur de javelot qui n'aurait pas de bras !

Camille — N'importe quoi.

Monet — Je peins la lumière, Camille. Et la lumière m'abandonne ! Chaque matin, il me faut dix minutes pour y voir clair. Et après une journée à travailler mes toiles, je n'y vois pratiquement plus rien ! Le bleu disparaît, le jaune se confond avec le blanc, le vert devient sale… Je plonge dans le brouillard ! Regardez… *(Sort ses lunettes.)* Je suis obligé de me servir de ça ! J'ai peur… Ça me hante… Ne plus voir les couleurs, les toiles que j'ai peintes… Ne plus vous voir, vous.

Camille — Faites-vous opérer.

Monet — Pour finir complètement aveugle ? Merci bien !

Camille — Il paraît qu'ils ont fait beaucoup de progrès.

Monet — Sur dix opérations, huit se finissent mal ! Sur les deux qui restent, l'un souffre le martyre pendant des années, l'autre est borgne ! Je préfère rester comme je suis. J'y vois encore assez.

CAMILLE — Pour combien de temps ? Un jour viendra où ce sera le noir total, vous n'aurez plus que vos souvenirs... Vous avez une bonne mémoire, monsieur Monet ?

Un léger temps. Monet ferme les yeux.

MONET — La première fois que je vous ai vue, vous portiez un corset Summer bleu pâle avec des petites agrafes, une jupe couleur parme avec un liseré lilas sur le volant, et vous aviez attaché vos cheveux avec un ruban rouge, blanc et jaune. Pas de colliers, pas de bracelets.

CAMILLE — Et mes chaussures ?

MONET — Vous n'en portiez pas. Aujourd'hui... vous avez passé une longue robe blanche, sans corset, vos cheveux sont détachés, et vous avez accroché près du cœur une broche qui d'ici ressemble à un papillon.

CAMILLE — Vous avez gagné, je m'incline... même si je pense que vous avez tort.

Camille se recule, prend son sac de voyage.

MONET — Qu'est-ce que vous faites ?

CAMILLE — Il faut que je rentre chez moi me reposer un peu.

MONET — Vous venez à peine d'arriver. Vous pouvez prendre mon lit, si vous voulez. Les draps sont propres !

CAMILLE — Je n'en doute pas. Et vous, vous irez où ?

MONET — Je vous regarderai. Je vous jure, je ne ferai que ça.

Camille — Avec vos mains baladeuses ? *(Elle sourit.)* Je viendrai cette après-midi.

Elle s'approche de Monet et l'embrasse sur la joue.
Camille gagne ensuite, en reculant, la porte à jardin.

Monet — Je ne sais même pas où vous habitez.

Camille — À deux pas d'ici, face aux quais.

Monet — Mettez votre pantalon. J'aimerais que vous m'appreniez à faire du vélo.

Camille sourit, puis sort à jardin.
Gnossienne n° 5.
Monet, souriant, retourne à son chevalet. Peindre, cette fois-ci, est si simple...
En fonction des heures de la journée, il change de palette, de toile, et peint, peint encore, heureux comme un enfant...
Sur la grande baie vitrée défilent les Cathédrales peintes par Monet à chaque heure de la journée : aube, 8 heures, 9 heures, 10 heures, midi, 15 heures, 17 heures, soir...
Une dizaine de toiles à présent sont posées contre le mur, les unes derrière les autres.
On frappe à la porte côté cour.
On frappe une seconde fois.

Monet — Quoi ?

Agent du télégraphe, *off* — Télégramme !

Monet — Glissez-le sous la porte.

Sous la porte à cour apparaît un papier jaune plié en deux.

Agent du télégraphe, *off* — Y a une réponse à apporter ?

Monet — Un instant ! *(Il quitte son chevalet, se penche pour ramasser le télégramme, le déplie, le lit avec l'aide de ses lunettes qu'il tient comme une loupe.)*
Vu de Wolf à Paris. Stop.
Serons là fin de semaine. Stop.
Prière d'ici là de réparer la marche dans les escaliers. Stop.
Ne laissons rien au hasard. Stop.
Amitiés, Durand-Ruel.

Agent du télégraphe, *off* — Alors, une réponse ?

Monet — Non, non, pas de réponse. *(Il s'éloigne puis revient vers la porte.)* Si ! Faites attention… *(Un cri suivi d'une longue chute dans les escaliers.)* à la marche…

Monet range ses lunettes dans sa veste, place le télégramme dans sa poche, fait quelques pas en réfléchissant… et sort.
Midi, soleil.
Camille entre à jardin, en pantalon, jette un œil à droite, à gauche… Personne.

Camille — Où êtes-vous ?

Monet — Ici. *(Il est à cour, un paquet sous le bras.)* Je vous ai attendue, hier. Vous n'êtes pas venue.

Camille — Qu'est-ce que c'est ?

Monet — Quoi ?

Camille — Ce que vous avez sous le bras.

Monet — Ça ? *(Montre le paquet.)* Je l'ai trouvé devant la porte.

Camille — Qu'est-ce qu'il y a dedans ?

Monet — Aucune idée.

Camille — Je peux l'ouvrir ?

Monet — Pourquoi pas...

Camille — J'adore ouvrir les paquets.

Monet — Allez-y doucement, c'est peut-être fragile. *(La jeune femme prend le paquet, le secoue, l'ouvre : un corset Summer.)* Taille 2. C'était le dernier.

Camille — Vous êtes fou !

Monet — J'ai vendu une toile, vous vous souvenez ?

Camille — Il est pour moi ?

Monet — Je l'ai essayé, c'est pas ma taille.

Camille — Qui vous l'a vendu ?

Monet — Une vieille fille un peu revêche avec de la moustache.

Camille — La mère Louise.

Monet — Passez-le.

Camille — Maintenant ?

Monet — Personne ne vous regarde.

Camille — Et vous, alors ?

Monet — Je suis presque aveugle.

Camille — Ça vous arrange bien. Tournez-vous, tout de même.

Monet se tourne.
Camille retire sa chemise (elle porte dessous un justaucorps) et passe son corset. Elle ira ensuite s'admirer dans le miroir sur pied à jardin.

Monet — J'ai vu les autres corsets : la taille 8 est très impressionnante ! Je l'ai confondu avec un paravent. *(Camille rit.)* Alors ?

Camille — J'y suis presque... *(Monet jette un œil par-dessus son épaule.)* Vous avez fini de mater ?

Monet — Ça fait de mal à personne. Comment se fait-il que vous mettiez trois heures à enfiler un truc si minuscule ?

Camille — Vous êtes bien tous les mêmes : tous aussi impatients ! Voilà. Vous pouvez vous retourner. *(Monet se retourne, se statufie.)* Alors ? Qu'en pensez-vous ? Ça me va ?

Monet — Pour mouler, il moule !

Camille — C'est le but. *(S'observe devant le miroir.)* D'habitude, je le passe pour les clientes. Mais cette fois…

Monet — … il est à vous.

Camille — … il est à moi. Vous êtes fou, complètement, c'est bien trop cher ! Je vous plais ? Vous ne dites rien ?

Monet — Pas besoin… Vous êtes… Il n'y a pas d'agrafe à fermer ?

Camille sourit, s'approche de Monet, câline.

Camille — Fermez les yeux… *(Léger temps.)* Fermez-les… *(Gnossienne n° 3. Camille passe sa main sur la joue de Monet, s'approche encore, pose délicatement ses lèvres sur les siennes. Long silence.)* Merci.

Monet — Vous n'étiez pas obligée.

Camille — De vous dire merci ou de vous embrasser ?

Monet — De me dire merci.

Camille — Je suis une fille bien élevée.

Camille dépose une nouvelle fois ses lèvres sur celles de Monet.

Monet — Même dans cent ans, je me souviendrai de votre baiser.

Camille — Nous ne serons pas beaux à voir, dans cent ans.

Monet — Bien sûr que si. Certaines choses ne meurent jamais.

Camille — Venez, je vous emmène. M. Émile ne revient pas avant deux heures.

Monet — Vous m'emmenez ?

Camille se tourne vers la baie vitrée.

Camille — Combien de fois vous avez peint la cathédrale ?

Monet — Je ne sais pas... Des centaines, des milliers de fois.

Camille — Je parie que vous n'êtes jamais entré à l'intérieur.

Monet — Pour quoi faire ?

Camille — Allez, venez, je vous emmène !

Camille tend sa main vers Monet.
La Gnossienne n° 3 se poursuit, puis lentement : noir sur scène.
Sur la baie vitrée, une Cathédrale de Monet prend forme, comme si le peintre l'exécutait sur l'instant.

Durand-Ruel — Monet ? Monet ! Mais où êtes-vous, mon vieux ? *(La lumière revient peu à peu. Début d'après-midi, printemps. Monet s'affaire autour de ses toiles, une quinzaine à présent, les range, les classe…)* Je suis de retour !

Monet — J'avais entendu. Seul ?

Durand-Ruel — Avec de Wolf ! Il a tenu à passer d'abord à son hôtel. Mais il sera là en fin d'après-midi, comme promis.

Monet — Je vous félicite… Comment est-il ?

Durand-Ruel — C'est-à-dire ?

Monet — Sympathique ? à cheval sur les principes ? ouvert aux nouveautés ?

Durand-Ruel — Ma foi… un peu des trois.

Monet — C'est possible ?

Durand-Ruel — C'est un homme multiple.

Monet — Vous avez pu le sonder sur mes toiles ?

Durand-Ruel — Qu'est-ce que vous croyez ? Un marchand d'art, c'est un peu comme un prêtre : il n'y a pas de manchots dans nos professions.

Monet — Et dans quel état d'esprit est-il ? Bonnes dispositions ?

Durand-Ruel — Les meilleures qui soient ! Je vous le promets. Mais il s'est amouraché d'une jeune veuve qui, paraît-il, le fait tourner en bourrique. Je crains qu'il ne vienne avec elle ce soir... Les femmes ont un goût si particulier en peinture !

Monet — Elle aimera, ne vous en faites pas.

Durand-Ruel — C'est vous qui me dites ça ? Vous qui craignez le regard des autres, qui n'êtes certain de rien ? Vous qui passez votre temps à fuir la société, à douter ?

Monet — Elle aimera, faites-moi confiance.

Durand-Ruel — Vous, vous avez trouvé votre remède à l'obscurité.

Monet — Venez... Vous souhaitiez voir mes toiles ? Les voilà.

Monet aligne quelques-unes de ses toiles côte à côte.
Durand-Ruel se statufie.
Ses lèvres bougent, mais aucun son ne sort. Puis...

Durand-Ruel — Je... C'est un miracle... Un miracle... Vous auriez dû en peindre cinquante, cent... Vous auriez dû en faire mille, autant de secondes que peut compter une vie... La pierre vibre, la cathédrale s'embrase, maintenant je sais qu'elle n'est pas blanche : elle a des couleurs pourpres, des portiques de feu, des flammes vertes, rouges, roses, de violents éclairs d'or et d'azur... Vous n'avez pas peint une cathédrale, Monet, vous les avez peintes toutes. *(Il s'essuie les yeux.)* Vous avez raison : vos toiles plairont à la veuve de de Wolf... Elles plairont à la boulangère, à la bourgeoise, à la fille du peuple... Et je sais aussi qu'elles auraient plu à votre femme.

Monet — Merci, Paul, ça me touche...

Durand-Ruel — Laissez-moi vous embrasser ! *(Il tombe dans les bras de Monet, qui ne s'y attendait pas, se fige, apprécie peu le geste. Durand-Ruel reprend aussitôt :)* Dites-moi, je suis passé à la boutique en bas saluer mon vieil ami Émile. Il m'a dit que vous aviez acheté un corset ? Un corset à crédit ? Deux cent cinquante francs !

Monet — Oui, je souhaitais vous en parler, justement...

Durand-Ruel — Tout de même ! Deux cent cinquante francs !

Monet — Il me fallait ce corset ! Et je n'avais pas d'autre moyen de le régler.

Durand-Ruel — Il y a quelque temps, vous m'aviez parlé d'acheter un pantalon, une veste... Vous êtes toujours aussi mal fagoté... Ce corset n'est pas pour vous, tout de même ?

Monet — Non, ce n'est pas pour moi. C'est une longue histoire, mais pour faire court : j'ai rencontré quelqu'un. Une jeune femme.

Durand-Ruel — Ici ? Vous ?

Monet — Une jeune modèle de la boutique.

Durand-Ruel — Attendez, attendez, ça va trop vite pour moi. Quelle modèle ? Quelle boutique ?

Monet — La boutique de votre ami, en dessous.

Durand-Ruel — Émile n'emploie aucun modèle. Il n'a que deux vendeuses : Louise et Madeleine. Et elles ont toutes les deux passé la cinquantaine.

Monet — Vous faites erreur, Paul : la jeune femme que j'ai rencontrée travaille depuis des mois dans cette boutique.

Durand-Ruel — J'ai bien peur de vous décevoir, mon petit père, mais non. Vous connaissez le magasin, vous êtes entré à l'intérieur... *(Il compte sur ses doigts.)* Émile, les deux vendeuses, ça fait déjà beaucoup. Je crains que cette supposée modèle ne se soit moquée de vous.

Monet — Elle monte fréquemment ici essayer les tenues des clientes.

Durand-Ruel — Pas de modèle. Les clientes montent seules. Et depuis que vous êtes là, Émile a interdit l'accès... Comment se prénomme-t-elle ?

Monet — Camille.

Durand-Ruel — Comme votre femme... Défunte femme. Sûrement pas son vrai nom. Elle a dû vous entendre parler d'elle, et penser que ce serait plus facile de vous amadouer, de vous séduire, si elle s'appelait ainsi.

Monet — Non, non, pas possible.

Durand-Ruel — Quand vous a-t-elle dit qu'elle s'appelait Camille ? Avant ou après que vous avez parlé de votre femme ?

Monet hésite, déconcerté, troublé…

Monet — Je… Je…

Durand-Ruel — Vous voyez bien… Allons, mon vieux, vous ne serez pas le premier. Passé un certain âge, vis-à-vis des femmes, surtout quand elles sont jeunes et ravissantes, nous nous comportons comme des enfants. Regardez de Wolf et sa jeune veuve : elle claque des doigts, il accourt ! Un petit chien, un vrai toutou à sa mémère…

Monet — C'est pas possible, je vous dis ! Jamais vous ne me ferez croire ça !

Durand-Ruel — C'est ce qu'on dit tous. Et puis quand vient la vérité, ça fait mal.

Monet saisit Durand-Ruel par le col de sa veste.

Monet — Nom d'un chien !

Durand-Ruel — Monet, du calme, voyons… Descendons voir Émile, vous en aurez le cœur net.

Monet — Descendons.

Durand-Ruel — Un instant… *(Il retient Monet par le bras.)* À part un corset à deux cent cinquante francs, vous n'avez rien donné d'autre à cette jeune femme ? Pas de tableau, j'espère ?!

Monet secoue la tête.

MONET — Elle n'en a pas voulu.

DURAND-RUEL — Tant mieux... Allons-y.

Durand-Ruel se dirige vers la porte côté cour.
Monet indique la porte à jardin.

MONET — Passons par là, c'est plus rapide. La porte donne directement dans le magasin.

DURAND-RUEL — De quelle porte parlez-vous ?

MONET — Cette porte. Camille l'emprunte tous les jours. *(Il va à jardin, cherche la porte... Plus de porte !)* Attendez, je...

DURAND-RUEL — Qu'est-ce qui vous prend, mon vieux ? Il n'y a jamais eu de porte ici.

MONET — Mais si ! Elle était là... La porte était là !

DURAND-RUEL — La seule porte qui existe... *(Indique la porte à cour.)* c'est celle-ci.

MONET — Je ne suis pas fou... *(Tambourine contre le mur.)* Camille ! Camille ! *(Se tourne vers Durand-Ruel.)* Elle entre par cette porte...

DURAND-RUEL — Allons, venez, Monet. Venez... Vous avez trop travaillé, vous êtes épuisé, nous le sommes tous les deux... Asseyez-vous, reposez-vous. *(Monet s'assied lourdement sur le lit, totalement déboussolé, désemparé.)* De Wolf sera là dans moins d'une heure, tentez de dormir un peu.

Léger temps... puis Monet se lève brusquement et retourne à jardin.

MONET — Je n'ai pas rêvé ! Où est cette foutue porte ?! *(Hargneux, à Durand-Ruel.)* Qu'est-ce que vous en avez fait ?! *(Il attrape à nouveau Durand-Ruel par le col de sa veste.)* Pourquoi avoir planqué cette foutue porte ?! Répondez !

DURAND-RUEL — Oh ! vous allez vous calmer ! Je n'ai rien à voir dans cette histoire, moi ! Lâchez-moi, Monet... Monet !

Monet se reprend, lâche Durand-Ruel.

MONET — Excusez-moi, je ne sais plus ce que je dis, je ne sais plus ce que je fais... Je perds la boule...

DURAND-RUEL — C'est de ma faute. Je n'aurais jamais dû vous laisser seul si longtemps... Sept mois sans sortir, c'est de la folie... J'aurais dû m'installer ici, avec vous... Tout ça, c'est de ma faute.

MONET — Qu'est-ce qui m'arrive ?

DURAND-RUEL — Vous avez tout inventé, mon vieux. Cette jeune femme, la porte... Tout. Une façon comme une autre de lutter contre vos démons... Je vous envierais presque : votre Camille semble si réelle...

D'un coup, Monet relève la tête.

Monet — Paul, si j'ai tout inventé... où est le corset ?

Durand-Ruel — Hein ?

Monet — Le corset Summer que j'ai acheté... Où est le corset ?

Durand-Ruel — Le corset, le corset... Comment voulez-vous que je sache ? Sous votre lit, peut-être... *(Il vérifie : rien.)* Derrière vos toiles ? *(Il jette un œil.)* Non plus... Vous ne l'avez pas sur vous ? *(Monet lui jette un regard noir.)* Je n'en sais rien, bon Dieu ! Écoutez, mon petit père, oubliez ce qui s'est passé, oubliez tout. Nous devons fonctionner par priorité. Et la priorité, ce soir, c'est de Wolf... Ce sont vos toiles, magnifiques... La vente que nous pouvons en tirer... Il n'y a que ça qui compte, et rien d'autre ! Reprenez-vous, c'est essentiel : pour vous, pour moi ! Si de Wolf vous voit dans cet état, je vous le dis tout net : nous sommes mal barrés ! Vous m'avez compris, Monet ?

Monet — ...

Durand-Ruel — Bon, ça m'ennuie, mais je dois vous laisser. Je vais chercher de Wolf à l'hôtel d'Angleterre ! J'y serai allé au moins une fois. *(Arrivé à la porte, il se retourne.)* Oubliez cette fille. Revenez avec nous. Quel autre choix avez-vous ?

Comme il n'obtient aucune réponse, Durand-Ruel sort à cour.

Monet reste seul, assis sur son lit.

Le soir tombe sur la grande baie vitrée.

Gnossienne n° 4.

Monet regarde obstinément le mur côté jardin… vide, aucune porte.

Se lève, va vérifier une fois encore : rien.

Passe devant le miroir, s'arrête, se regarde, se trouve vieux : la peau du cou qui pend, les rides… Revient près du lit…

MONET — Camille… Je sais que vous êtes là. Inutile de vous cacher. Où êtes-vous ? Où es-tu ? *(Il s'avance lentement, solitairement, jusqu'à l'avant-scène. Seule cette partie est éclairée.)* Si je t'ai inventée, je peux te faire revenir. Réponds-moi… Réponds-moi !

CAMILLE, *dans l'ombre* — Je suis là.

Monet se redresse, retrouve un certain sourire.

La Gnossienne n° 4 se poursuit.

MONET — Je savais que tu reviendrais… Pourquoi ? Pourquoi tout ça ?

CAMILLE, *dans l'ombre* — Peindre, peindre encore et toujours, c'est ce que vous désiriez… Regardez vos toiles : elles sont là, à présent, elles existent, elles sont magnifiques.

MONET — Je me fous de mes toiles !

Camille, *dans l'ombre* — Ne dites pas n'importe quoi… Bientôt il y aura des hommes et des femmes qui s'arrêteront devant chacune d'elles : ils y verront une cathédrale d'or et de lumière… et ils penseront à vous. À vous, Claude.

Monet — Ce n'est pas la cathédrale que je peignais… c'était toi…

Camille, *dans l'ombre* — Je ne suis qu'un rêve. *(Elle sort de l'ombre et apparaît à la lumière dans sa longue robe blanche du début.)* Un rêve.

Monet — Pas pour moi.

Camille — J'ai été heureuse d'avoir vécu ce moment avec vous, d'avoir partagé votre vie un instant.

Monet — Et maintenant tu dois partir, c'est ça ?

Camille — Il le faut.

Monet — Pourquoi ? Je ne le permettrai pas. Reste encore un peu. Attendons de Wolf ensemble.

Camille — Vous connaissez déjà la réponse.

Monet — Reste quelques minutes, quelques secondes…

Camille — Que voulez-vous de plus ?

Monet — Juste… peut-être…

Camille — Un baiser ? (*Elle s'approche, et dépose ses lèvres sur celles de Monet.*) Promettez-moi juste une chose : vos yeux... Ne laissez pas l'obscurité vous envahir. Jamais l'obscurité. Promettez-le-moi.

Monet — Je vous le promets.

Camille recule et disparaît dans l'ombre.

Camille, *off* — Adieu, monsieur « j'ai les mains baladeuses »...

La lumière revient peu à peu. Camille n'est plus là.
Monet demeure immobile un court instant, puis fait quelques pas dans la pièce sans but précis.

Monet — Camille !

Durand-Ruel entre précipitamment à cour.

Durand-Ruel — C'est l'heure, mon vieux ! De Wolf monte l'escalier ! Vous êtes prêt ? Comment vous sentez-vous ? Oh ! Monet, vous êtes avec moi ? Redescendez sur terre, mon vieux !

Monet — Je suis là, je suis là... Enfin, je crois...

Durand-Ruel — Tant mieux... Mettons une toile sur votre chevalet, poussez votre lit contre le mur, bougez la table... (*Il s'active seul.*) Je dois vous prévenir : vous ne devinerez jamais comment se nomme la veuve de de Wolf ! Camille ! Ce prénom-là vous poursuivra toujours, mon vieux. Je les ai retrouvés à la boutique en bas. Il lui achetait le dernier corset à la mode, un corset...

Monet — ... Summer...

Durand-Ruel — Tout juste.

Monet — Taille 2 ?

Durand-Ruel — Je ne suis pas à ce point intime avec eux. Vous lui demanderez vous-même. *(Se reprend.)* Non, vous ne lui demanderez pas ! Vous me faites dire n'importe quoi. Vous me rendez nerveux ! Ah ! les voilà qui arrivent ! Ils sont l'un et l'autre d'excellente humeur. Je sens le gros coup, Monet. Je sens le gros coup.

La jeune femme, *off* — Monsieur Durand-Ruel ?

Durand-Ruel — Oui, c'est par là, venez, entrez, c'est ici !

Entre une jeune femme ravissante, robe verte, chapeau, une broche en forme de papillon au revers de sa robe, ressemblant trait pour trait à Camille. Elle sourit...

La jeune femme — De Wolf a un peu de mal avec les escaliers, il est légèrement à la traîne, derrière. *(S'avance vers Monet, lui tend sa main gantée.)* Monsieur Monet... *(Un silence. Monet et la jeune femme se regardent.)* C'est drôle, j'ai l'impression de vous connaître.

Monet — Je savais que vous reviendriez...

La jeune femme — J'ai beaucoup entendu parler de vous...

Monet — Je savais que tu reviendrais…

Ils se regardent.
Durand-Ruel toussote, gêné… puis il aperçoit de Wolf près de la porte d'entrée.

Durand-Ruel — Ah ! mon cher de Wolf ! *(Un grand cri, suivi d'une chute ! Durand-Ruel, catastrophé, s'approche lentement de la porte côté cour.)* Mon cher de Wolf ? *(Pas de réponse.)* Monet, vous n'avez pas pensé à réparer la marche ?

Monet — Laissez-nous, Paul.

Durand-Ruel — Hein ?

Monet — Foutez le camp !

Tandis que Durand-Ruel sort, la lumière se resserre lentement sur Camille et Monet… Ils restent là, seuls, l'un face à l'autre, tout près.
Gnossienne n° 5.

La jeune femme — C'est quoi ces petites taches blanches dans vos yeux ?

Monet — De la lumière.

NOIR

L'AUTEUR

Cyril Gely est auteur de théâtre, scénariste et romancier. Il est notamment l'auteur de *Diplomatie*, récompensé par le César de la meilleure adaptation, et du *Prix*, finaliste du prix des Libraires.

Imprimé à la demande par Books on Demand GmbH,
Bad Hersfeld, Allemagne

1re édition, dépôt légal : septembre 2024
N° d'édition : 202406
ISBN : 978-2-487668-05-8